Fiche de lecture

Document rédigé par Natacha Cerf
Maître en philosophie
(Université libre de Bruxelles)

Une femme

Annie Ernaux

lePetitLittéraire.fr

Rendez-vous sur lePetitLittéraire.fr et découvrez :

- plus de 1200 analyses
- claires et synthétiques
- téléchargeables en 30 secondes
- à imprimer chez soi

Code promo : LPL-PRINT-10

10 % DE RÉDUCTION SUR
www.lePetitLittéraire.fr

RÉSUMÉ 8

ÉTUDE DES PERSONNAGES 13
La mère
La narratrice

CLÉS DE LECTURE 18
Annie Ernaux, une « transfuge de classe »
La déchirure sociale
L'autosociobiographie
Une écriture « plate »
Le rapport à la sociologie
Une visée politique

PISTES DE RÉFLEXION 26

POUR ALLER PLUS LOIN 27

Annie Ernaux
Écrivaine française

- **Née en 1940 à Lillebonne (Haute-Normandie)**
- **Quelques-unes de ses œuvres :**
  - *Les Armoires vides* (1974), roman
  - *La Place* (1983), roman
  - *Les Années* (2008), roman

Issue d'une famille modeste, Annie Ernaux passe son enfance à Yvetot, en Normandie. Élève brillante, ses parents lui offrent la possibilité de se former dans une école privée puis de poursuivre son instruction aux universités de Rouen et de Bordeaux. Ses études littéraires la font évoluer dans un milieu favorisé et l'incitent à une réflexion sur la condition sociale. Elle prend ainsi conscience de l'influence de l'origine sociale de ses parents, ouvriers puis petits commerçants, sur leur comportement et leur pensée. Annie Ernaux obtient l'agrégation de lettres modernes en 1971. Trois ans plus tard, elle publie son premier livre autobiographique, *Les Armoires vides*.

Le prix Renaudot lui est attribué en 1984 pour une seconde œuvre à caractère autobiographique : *La Place*. Elle obtient d'autres récompenses en 2008 et 2009 : le prix de la langue française pour l'ensemble de ses écrits, les prix Marguerite Duras et François Mauriac pour *Les Années*, roman dépeignant la période de l'après-guerre jusqu'à nos jours.

La question de l'autobiographie traverse toute son œuvre, tissée dans l'expérience individuelle, sociale et historique de sa famille. Désirant rester fidèle aux faits historiques qu'elle relate, Annie Ernaux use d'un style neutre, qui se veut objectif et dépouillé de jugement. Elle écrit pour sauver de la disparition ce qui est voué à l'être.

Une femme
De la déchirure sociale

- **Genre :** roman d'inspiration autobiographique
- **Édition de référence :** *Une femme*, Paris, Gallimard, coll. « Folio », 1987, 106 p.
- **1re édition :** 1987
- **Thématiques :** mort, condition et hiérarchie sociales, relation mère-fille

L'œuvre *Une femme* débute par l'annonce du décès de la mère de la narratrice. L'évènement suscite en cette dernière le besoin de chercher la vérité sur celle qui lui a donné la vie, et le sens de son existence au travers des mots. Ainsi, elle retrace le parcours de sa mère : son enfance au sein d'une famille nombreuse, sa lutte contre les fléaux de sa classe pour s'élever à une condition meilleure, la fierté que lui procure son mariage, son ascension sociale en tant que commerçante, puis la fin de sa vie marquée par un accident de voiture et la maladie d'Alzheimer.

L'auteure décrit les rapports ambivalents qu'elle entretenait avec sa mère : une relation où se mêlent l'amour et la haine, l'énervement et la tendresse. Annie conçoit son décès comme la perte du dernier lien avec son milieu d'origine.

RÉSUMÉ

ALZHEIMER

La mère d'Annie Ernaux, atteinte d'Alzheimer, décède à la maison de retraite de l'hôpital de Pontoise. L'évènement bouleverse l'auteure et la pousse à écrire un livre sur celle-ci, entre littérature, sociologie et histoire, pour chercher une vérité que seuls les mots peuvent atteindre. Par ce biais, Annie Ernaux entend se faire une place dans le monde littéraire, auquel sa mère aspirait également.

LA LUTTE POUR L'ASCENSION

Quatrième de six enfants, la mère d'Annie Ernaux nait en 1906 à Yvetot, une ville froide entre Rouen et Le Havre. Elle connait les privations, l'appétit jamais rassasié, la chambre partagée avec ses frères et sœurs, les robes passées de l'une à l'autre et les chiffons en guise de peluche pour Noël. Peu assidue à l'école communale, elle cultive par contre un vif intérêt pour la religion, et connait son catéchisme par cœur. Elle quitte l'école à 12 ans pour entrer dans une fabrique de margarine. Engagée ensuite dans une cordonnerie, elle se montre fière d'être ouvrière dans une grande usine et non fille de ferme. Sa famille et elle tirent beaucoup de satisfaction de leur zèle et de leur ardeur au travail. Décrétant qu'ils valent autant que les gens riches, elle a une clairvoyance révoltée face à sa position sociale inférieure.

Durant toute sa jeunesse, la mère d'Annie Ernaux lutte pour échapper à la pauvreté et à l'alcool qui gangrènent la classe ouvrière – quatre de ses frères et sœurs en sont d'ailleurs morts. En 1928, elle s'unit à un homme bien, calme et gai, qui travaille à la corderie et ne boit pas. Sa volonté d'ascension sociale permet au couple d'acheter un café-épicerie à Lillebonne, une cité ouvrière à la forte concentration d'alcooliques et de filles mères. Le commerce ne suffisant pas à les faire vivre, son mari travaille sur des chantiers de construction et devient contremaitre dans une raffinerie. La mère de la narratrice gagne à peine plus qu'une ouvrière, mais est fière d'aller aux impôts et à la mairie, de voir les représentants et les fournisseurs : elle ne fait définitivement plus « campagne ». Deux ans après la mort de leur première fille, Annie est mise au monde. Après la guerre, les temps difficiles prennent fin : sa mère devient à nouveau gérante d'un café-alimentation, mais cette fois avec des clients bons payeurs. Quant au père, il cultive le jardin, élève des poules et des lapins, et fabrique du cidre qu'il vend aux clients. Parvenus enfin à dépasser la condition ouvrière, ils achètent le fonds de commerce et font l'acquisition d'une petite maison contigüe.

Contrairement à son mari, la mère d'Annie essaye d'éviter les fautes d'orthographe, s'habille avec soin pour tenir son rang et apprend les règles du savoir-vivre tout en se cultivant. À l'approche de la cinquantaine, pourtant, sa colère contre leurs conditions de vie s'intensifie avec la menace incarnée par les magasins neufs du centre-ville.

LA COHABITATION

Après le décès de son mari, la mère d'Annie Ernaux continue à travailler et à mener une vie sociale épanouie. Elle aspire pourtant à rejoindre sa fille à Annecy. Annie, se sentant coupable de vivre dans une grande maison bourgeoise avec ses deux enfants sans que sa mère puisse en profiter, lui propose de venir s'y installer. Cette dernière vend alors son commerce pour vivre auprès de sa fille. Mais elle en est moins heureuse que prévu. Sa vie de commerçante finie, elle n'a plus la fierté de gagner son argent et ses conversations avec la clientèle ainsi que le stress stimulant du métier lui manquent. S'enorgueillissant d'évoluer enfin dans le milieu bourgeois convoité depuis toujours, elle s'en sent pourtant exclue. Au fil du temps, elle parvient à s'acclimater : elle s'occupe de ses petits-enfants, explore la ville, passe des heures à la fête foraine et flâne dans les vieux quartiers pour ne rentrer que la nuit. Au milieu des années soixante-dix, sa fille et son gendre déménagent en région parisienne. Cette nouvelle vie ne lui correspond pas : six mois plus tard, elle rentre chez elle, heureuse d'être à nouveau indépendante, trait de caractère qui semble dicter son existence.

Un soir de décembre 1979, fauchée par une voiture qui brule un feu rouge sur la nationale 15, elle échoit à l'hôpital de Pontoise. Remise de sa jambe brisée et de son traumatisme crânien, son comportement a pourtant changé : elle s'énerve facilement, s'affole pour un rien et agit avec incohérence. Jugée inapte à habiter seule, sa fille, puis le service de gériatrie de Pontoise la recueillent. Souffrant de la maladie d'Alzheimer, elle perd l'esprit peu à peu, et seuls la colère et le soupçon semblent désormais l'animer. Son état, alternant les épisodes de sauvagerie et d'apathie, se dégrade chaque jour davantage. Une chute, provoquant une fêlure du col du fémur, la cloue définitivement dans un fauteuil roulant. Installée devant la télé avec les autres pensionnaires, absente, la ténacité de vivre continue pourtant de la caractériser.

LE RAPPORT À LA MÈRE

Annie se souvient de l'éducation qui lui a été prodiguée et de la relation qu'elle entretenait, enfant, avec sa mère. Cette dernière traitait sa fille de manière abrupte, lui donnant des gifles et des coups dans les épaules. Puis, l'orage passé, elle la prenait dans ses bras. Elle la couvrait de cadeaux en toute occasion et veillait minutieusement à son bienêtre (vêtements chauds, fournitures scolaires). Son désir le plus profond étant qu'elle ne soit pas moins bien lotie que les autres, elle lui donnait tout ce qu'elle n'avait pas pu avoir. Ce souci nouveau du bonheur de l'enfant engendrait une charge de travail et des soucis financiers, ce qu'elle ne pouvait s'empêcher de reprocher à sa fille. En tant que commerçante, elle appartenait d'abord à ses clients, qui les faisaient vivre. Pendant qu'elle servait, aucun dérangement n'était toléré. Elle présentait ainsi deux visages : un pour la clientèle, patient et souriant, et l'autre pour sa famille, épuisé et amer.

Elle s'intéressait beaucoup à la scolarité de sa fille et l'emmenait voir musées et monuments historiques, désirant apprendre à travers elle. Elle poussait ainsi Annie vers la culture, qu'elle savait appartenir aux gens de bonne éducation. De la famille, elle était la figure dominante, la loi, la personne avec qui on discutait poésie, tandis que le père incarnait l'amusement, les films, la foire, le cirque et le vélo.

À l'adolescence, Annie s'est détachée de sa mère qui n'aimait pas la voir grandir, craignant qu'elle se compromette avec un garçon et se détourne des études. Elle lui interdisait donc de sortir et de choisir ses vêtements. Annie trouvait alors sa mère exubérante par rapport aux autres petites-bourgeoises minces et discrètes. Elle découvrait de même qu'entre le désir de se cultiver et le fait de l'être, il y avait un fossé. La mère, de son côté, voyait parfois en sa fille une ennemie de classe, qui ne se serait jamais révoltée si elle avait dû, comme elle, travailler en usine à 12 ans. Elle demeurait cependant prête à toutes les concessions, même celle de se séparer d'elle en lui permettant d'entamer des études de lettres dans les grandes villes. Annie prend alors davantage conscience du sacrifice de sa mère, qui sert des pommes de terre à table pour qu'elle puisse étudier Platon.

ÉTUDE DES PERSONNAGES

LA MÈRE

La mère d'Annie Ernaux est née à Yvetot en 1906. Elle a cinq frères et sœurs et une mère autoritaire dont le sens de l'économie a permis à la famille de vivre dignement. Les privations sont cependant nombreuses et elle grandit dans des conditions peu favorables. Elle perd son père à 13 ans.

Ayant grandi à la campagne, elle sait scier du bois et tuer les poules comme les garçons. L'instruction de l'école communale ne la passionne guère, contrairement à la religion et au catéchisme qu'elle associe à la richesse et à l'esprit. Elle quitte l'école à 12 ans pour devenir ouvrière, d'abord dans une fabrique de margarine, ensuite dans une cordonnerie. Dès son plus jeune âge, le travail l'abime physiquement, mais elle est fière de quitter le statut de fille de ferme pour celui d'ouvrière dans une grande ville. Son plus grand rêve reste néanmoins de devenir demoiselle de magasin. Elle tire orgueil de son zèle et de son courage. Persévérante et infatigable, elle refuse, plus tard, de se considérer trop vieille pour les tâches les plus dures, qui lui procurent une grande fierté. Pleinement consciente de sa position sociale inférieure, elle refuse qu'on la juge sur ses origines. Elle pense valoir autant que les gens riches, mais n'est pourtant pas considérée comme une jeune fille convenable en raison de ses jupes raccourcies, de ses cheveux courts et du milieu de travail masculin dans lequel elle évolue. La mère d'Annie Ernaux vit dans le XXe siècle que caractérise l'essor de l'industrialisation et de l'urbanisation, avec pour résultante la prospérité, le rang social, l'importance de la culture et des conditions de vie meilleures. Elle développe ainsi une volonté féroce de s'extirper de la classe ouvrière, avec toute la force mentale qui est la sienne. Elle aime lire, chanter et sortir au théâtre ou au cinéma, et échappe à l'alcoolisme, grand fléau de la classe ouvrière.

Elle épouse un fils de charretier et de tisserande qui a lui aussi quitté l'école à 12 ans pour devenir garçon de ferme. Face aux difficultés financières que rencontre le couple, elle se bat et s'érige en maitresse de l'argent, tandis que son mari a tendance à se résigner. Le couple peut donc acheter un café-épicerie dans une cité ouvrière. Bien que les finances se portent mal, elle se sent satisfaite de pouvoir faire crédit à ces gens qui sont plus dans le besoin qu'elle, elle qui préfère donner plutôt que recevoir. Toujours patiente et souriante avec ses clients, elle est ravie de rompre avec les manières de la campagne grâce aux obligations plus mondaines qu'exige son métier de commerçante.

Quand Annie vient au monde, sa mère est prête à tout lui sacrifier pour lui offrir une vie meilleure que la sienne. Elle travaille d'arrachepied et avec rapidité, pour pouvoir lui payer un pensionnat privé et toutes les dépenses scolaires qui découlent de son inscription. À présent gérante d'un commerce mieux fréquenté, elle se tue à la tâche pour contenter ses clients, qui les font vivre. Elle met tout en œuvre pour donner à sa fille l'accès à la culture, aux bonnes manières et à la bourgeoisie. Elle y parvient, et c'est ce qui les plongera dans l'incompréhension mutuelle provoquée par la différence de classe.

Sa mère se montre souvent violente, sévère, pleine de reproches et abrupte. Si au départ Annie considère ces débordements comme des traits de caractère, elle finit par reconnaitre les circonstances sociales objectives qui ont façonné son être : parler fort, se déplacer et ranger bruyamment, le manque d'élégance parfois, le côté populaire sont les signes des limites imposées par son milieu. Néanmoins, l'auteure n'en oublie pas la tendresse maternelle, toutes ses attentions et sa sollicitude, la manière consciencieuse avec laquelle elle veillait sur son bienêtre : « Elle me conduisait chez le dentiste, le spécialiste des bronches, elle veillait à m'acheter de bonnes chaussures […]. » (p. 51)

Ainsi, l'œuvre et le regard de l'auteure se partagent entre des descriptions implacables de la mère, dont elle a pu avoir honte et à qui elle a des choses à reprocher, et celles plus tendres de la figure maternelle aimante et dévouée.

À la fin de sa vie, rongée par la maladie d'Alzheimer, sa mère n'est plus que l'ombre d'elle-même. Auparavant pilier de la famille, elle retombe en enfance, ne sait plus s'occuper de sa personne et encore moins des autres. Désorientée, malheureuse et amère, elle meurt déshumanisée par la maladie.

LA NARRATRICE

Si son identité n'est jamais citée, il ne fait toutefois aucun doute que la narratrice se confond avec Annie Ernaux dans un « je » narratif. L'unique but du récit étant de donner sens à l'existence de sa mère et de chercher une vérité sur elle, les seules informations délivrées sur l'auteure sont celles qui contribuent à brosser le portrait de celle-ci.

Ainsi, sa description esquissée partiellement nous apprend qu'elle nait en septembre 1940, se marie avec un étudiant en sciences politiques issu de la petite bourgeoisie, a des enfants, donne cours dans un lycée de montagne et divorce. Elle ne semble pas heureuse, ayant peu de temps pour elle, partagée entre son métier, ses enfants et les tâches ménagères.

Enfant, la relation qu'elle entretient avec sa mère est fusionnelle et pleine d'admiration. Petite fille, Annie était séduite et éblouie par cette mère qu'elle imagine romanesque et sensuelle. Impressionnée par leurs conversations sur la poésie et toutes leurs sorties culturelles, elle aspire à devenir comme elle.

À l'adolescence, elle s'en détache pourtant totalement et ne la perçoit plus comme son modèle. Elle lui semble étrangère et lui fait même honte : « J'avais honte de sa manière brusque de parler et de se comporter, je lui faisais grief d'être ce que, en train d'émigrer dans un milieu différent, je cherchais à ne plus paraître. » (p. 63) Plongée dans la culture bourgeoise, Annie voit en sa mère une imposture de savoir, qui ne sait rien sans l'aide d'un dictionnaire. Comme toute adolescente, Annie est révoltée et romantique : « Je me suis mise à mépriser les conventions sociales, les pratiques religieuses, l'argent. Je recopiais des poèmes de Rimbaud et de Prévert [...]. » (p. 64)

Le refus de la mère de voir sa fille grandir nuit encore davantage à leurs rapports. Sa mère craint qu'Annie se compromette avec des garçons et abandonne ses études. Elle lui refuse toute sortie, choisit ses vêtements à sa place dans une tentative de la garder enfant, loin de toute séduction. Annie perçoit ainsi en sa mère une castratrice à qui elle n'ose rien confier de son devenir de femme. Elle outrepasse tous ses interdits une fois loin d'elle, à Rouen puis à

Bordeaux. Ses expériences et cette distance géographique lui font dresser un tableau moins sombre de sa mère, dont les sacrifices lui apparaissent désormais plus clairement.

Tout au long du récit, le sentiment de culpabilité qu'éprouve Annie Ernaux envers sa mère est perceptible. L'auteure se sent coupable de l'impérieuse volonté qui l'a incitée à se détacher de sa mère dans la honte, et parfois même dans la haine. Ce sentiment de culpabilité la gagne à nouveau lorsqu'elle réalise s'être désolidarisée et désintéressée de la misère de la classe de ses origines pour se ranger du côté de la répression culturelle en affirmant sa supériorité. Par ailleurs, l'auteure méprise son appartenance et est rongée par la crainte et la certitude de la ressemblance qui subsiste entre elle et sa mère.

Annie Ernaux s'en veut même d'avoir placé cette dernière en maison de retraite. L'écriture constitue sans doute pour elle une manière de lui rendre justice.

CLÉS DE LECTURE

ANNIE ERNAUX, UNE « TRANSFUGE DE CLASSE »

Annie Ernaux est née en 1940 à Yvetot. Elle est la fille unique de parents issus d'un milieu rural. D'abord ouvrière puis tenancière d'un café-épicerie, sa mère met tout en œuvre pour qu'Annie réussisse et accède à la classe bourgeoise. Grâce à une bourse, elle poursuit sa scolarité dans une école privée. Elle entame ensuite des études de lettres modernes à Rouen, où elle rencontre un étudiant en sciences politiques issu de la classe bourgeoise qu'elle épouse en 1964. Son CAPES obtenu, elle passe et réussit l'agrégation de lettres. Enseignante dans des lycées, elle est en parallèle une écrivaine dont le succès public va grandissant, si bien qu'elle obtient en 1984 le prix Renaudot pour *La Place*.

- C'est donc l'école qui signe le début de son transfert de classe. Elle-même se nomme « métisse
- sociale » (GRIGNON C., « Préface », in HOGGART R., *33 Newport Street – Autobiographie d'un intellectuel issu* des *classes populaires anglaises*, Paris, Gallimard, 1991, p. 8), « déclassée par le haut » (PASSERON J-C., « Préface », dans HOGGART R., *La Culture du pauvre*, Paris, Minuit, 1971) ou encore « transfuge de classe » (ERNAUX A., *L'Écriture comme un couteau*, entretien avec Frédéric-Yves Jeannet, Paris, Stock, coll. « La Bleue », 2003, p. 65-77).

Sa trajectoire sociale improbable la pousse à décrire la rupture et les malaises que sa scolarisation a engendrés vis-à-vis de son milieu d'origine, l'impact sur son identité, la honte et la culpabilité qu'elle a éprouvées ou le monde des petits commerçants de quartier dans la période de l'après-guerre .

LA DÉCHIRURE SOCIALE

Annie Ernaux a vécu un ensemble de conflits liés à sa déchirure sociale et à son changement de classe. Ainsi, dès son entrée dans un établissement catholique privé, le prêtre et les enseignants lui font associer son milieu social aux idées de mal, de péché et de culpabilité. Les professeurs, quand ils enseignent la manière dont il faut se comporter et s'exprimer, rejettent systématiquement dans l'esprit d'Annie les faits et gestes de ses parents, qu'elle classe alors d'elle-même parmi les gens mal élevés. Les regards que les autres élèves et la directrice portent sur ses parents vont également dans le sens de la condamnation. Alors que sa façon d'être et de parler lui semble naturelle, Annie se sent réprouvée par l'institution scolaire.

L'auteure prend alors progressivement conscience des écarts objectifs qu'il existe entre les classes, des valeurs attachées à l'une ou l'autre ainsi que de la hiérarchisation allant de pair. Elle perçoit ainsi le fossé culturel et social qui sépare les gens riches des gens pauvres, ceux de ses quartiers de ceux du centre-ville, les enfants de l'école libre de ceux de l'école privée.

La classe supérieure, associée aux gens bien élevés, au bien et au beau, se caractérise par :

- la propreté et l'élégance ;
- le gout des belles choses, la finesse et la légèreté ;
- les aptitudes langagières et la spiritualité ;
- la discrétion, l'aisance et la correction ;
- l'affirmation de soi.

En somme, les classes supérieures sont uniquement associées à des qualités. Le langage lui-même va dans ce sens : le terme « noblesse » réfère à des qualités de cœur.

Tandis que la classe inférieure, soit les « mal élevés » et le mal, se caractérise par :

- la crasse, le poisseux et la saleté ;
- le laid, le laisser-aller et la mollesse ;
- la maladresse ;
- le manque d'éducation, les fautes de français et la vulgarité ;
- la lourdeur et la grossièreté ;
- la soumission et la résignation.

Par conséquent, la classe pauvre ou ouvrière n'est présentée qu'au travers de connotations négatives.

Dès lors, Annie Ernaux assiste à l'invalidation de sa classe sociale d'origine par la dévalorisation des comportements, des habitudes et des valeurs des classes inférieures. C'est ainsi que s'opère la domination exercée par les classes bourgeoises, qui s'instituent en modèle. À aucun moment, il n'y a revalorisation des qualités des parents d'Annie telle l'honnêteté, l'hospitalité, la sobriété, le courage, la solidarité, la réussite par le travail et la franchise. Annie Ernaux n'y voit au contraire que résignation et soumission de la part de ses parents, eux qui disent souvent qu'il faut savoir rester à sa place.

En somme, l'auteure doit faire face dès l'école à une insupportable tension entre son amour pour ses parents et le mépris nouveau qu'ils lui inspirent suite à leur incessante condamnation par ses professeurs. Tombés du piédestal sur lequel elle les idéalisait, c'est à présent de la haine qu'elle éprouve pour eux. Elle les rend ainsi responsables des brimades quotidiennes qu'elle subit et leur reproche de ne pas lui avoir inculqué ce qu'elle devait savoir. Par ailleurs, Annie nourrit également beaucoup de rancœur envers ce monde bourgeois de l'école, qui l'humilie en dévalorisant son quartier et lui enseigne le mépris des siens et de ses origines. Or, sa haine ne peut se muer en révolte puisque ses parents eux-mêmes lui demandent de se plier aux règles bourgeoises et de se faire une place parmi la classe supérieure. Ainsi, elle voudrait d'un côté s'élever socialement et se détacher de ses parents, et de l'autre, elle se sent coupable et ingrate envers ces derniers, qui ont tout fait par amour pour elle, la conduisant de ce fait, et de manière assez paradoxale, à les haïr.

Dès lors, l'auteure, déchirée entre deux mondes, est rongée par la contradiction. En effet, sans se détacher de ses parents, elle ne peut intégrer le milieu social supérieur auquel elle aspire. L'ambivalence est d'autant plus présente dans l'attitude même des parents, qui d'un côté attendent d'elle qu'elle devienne bourgeoise, donc différente, et de l'autre espèrent qu'elle reste comme eux.

Par conséquent, le système de valeurs d'Annie Ernaux se voit bouleversé. À l'école, ce qu'elle considère comme le bien, à savoir la figure parentale, devient le mal. Elle se sent alors coupable de ne pas correspondre à l'idéal inculqué par ses professeurs, tout en haïssant ces derniers de la pousser à rejeter ses parents, son premier idéal, qu'elle méprise également, les tenant pour responsables de ses humiliations. En fin de processus, sa haine se retourne contre elle-même. Elle s'abhorre, a honte d'elle-même et éprouve beaucoup de culpabilité. Pour tenter de soulager ses tensions, l'auteure a recours :

- à un dédoublement de personnalité : elle est la fille de ses parents chez elle et une autre à l'extérieur ;
- à l'acharnement au travail : sa réussite scolaire et son statut de première de la classe lui permettent de se distinguer et de se revaloriser ;
- au repli sur soi : elle se réfugie dans les livres et les rêves. Elle s'isole et dialogue avec elle-même dans une retraite où elle n'est plus qu'absence.

L'AUTOSOCIOBIOGRAPHIE

L'œuvre d'Annie Ernaux peut être qualifiée d'autosociobiographique. À la croisée de l'autobiographie littéraire et de ce que les sociologues nomment « l'autosocioanalyse », son écriture, bien loin de brosser son propre portrait, puise dans ses souvenirs personnels afin de délivrer un récit analytique et réflexif sur son passé. En relatant son expérience, l'auteure tend à dépeindre une génération et à atteindre une vérité objective sur une condition sociale. Dans *Une femme*, elle évoque également le passage du temps, le rapport à sa mère, à la maladie et à la mort. Ses œuvres à caractère autobiographique ont dès lors une portée universelle et résonnent en chacun de ses lecteurs : Annie Ernaux touche en nous une part d'humanité partagée, et c'est là, selon elle, l'un des grands rôles de la littérature.

Ainsi, lorsque l'auteure utilise le pronom « je », il ne s'agit pas d'un « je » personnel, mais d'un « je » transpersonnel. Si certaines des œuvres d'Annie Ernaux se présentent sous la forme d'un monologue intérieur – caractérisé par l'absence de contraintes syntaxiques, avec des ruptures de construction et des phrases en suspens –, le genre autobiographique n'est pas totalement respecté en ce qu'il y a souvent des anachronismes ou des ellipses dans ses récits. En outre, l'auteure rompt fréquemment la trame narrative en interpellant le lecteur par des réflexions et commentaires. On assiste par là même à la prise de distance de l'écrivain par rapport à son expérience personnelle. Par exemple, le titre de l'œuvre et son article indéfini évoquent le destin d'une femme qui aurait pu en être une autre, au-delà du cas personnel de sa mère. En effet, l'article indéfini se rapporte à une personne ou à une chose qu'on ne peut pas identifier, contrairement à l'article défini. Or la prétention de l'auteure, qui s'érige en porte-parole du milieu dont elle est issue, est de clamer l'importance de l'appartenance sociale dans le processus de construction identitaire. Pour Annie Ernaux, l'individu n'existe pas en soi, mais est le produit de différentes histoires familiales, de différentes trajectoires sociales.

UNE ÉCRITURE « PLATE »

Au début de sa carrière, le style d'Annie Ernaux, très expressif, est empreint d'agressivité et d'ironie. L'auteure cherche alors délibérément à renverser le raffinement littéraire enseigné à l'école. Néanmoins, elle réalise peu à peu que son style ironique empli de dérision peut être interprété comme une attitude défensive, laquelle renforcerait la domination qu'elle souhaite pourtant combattre. Le changement et la prise de conscience radicale s'opèrent dans *La Place*, œuvre évoquant l'existence et la mort de son père, qu'elle estime avoir trahi lors de son ascension sociale : « Faire de mon père un personnage, de sa vie un destin fictif, me paraissait la trahison continuée de la vie dans la littérature. » (ERNAUX A., *Vers un je transpersonnel*, p. 221) Ainsi, l'auteure, tendant à renverser les valeurs établies, se distancie encore davantage des canons esthétiques de la littérature classique commandant les effets de style. Elle vise désormais une écriture dépouillée, clinique, sèche et plate qu'elle définit comme dépourvue de jugement, sans pitié ni mépris, valorisation ou dévalorisation, sans idéalisation ni rejet. Il ne doit plus s'agir pour elle que d'une retranscription de faits, de l'ordre de la documentation, sans images ni figures de style. Son souci d'exactitude est propre à l'écriture documentaire. Cette écriture factuelle sans commisération ni lyrisme se veut concise et concrète. Annie Ernaux veille à décrire les choses telles qu'elles lui apparaissent, avec des mots simples, dans une objectivité dénuée de jugement.

LE RAPPORT À LA SOCIOLOGIE

Les effets littéraires mis de côté, l'approche scripturale d'Annie Ernaux se caractérise alors par une absence de style. Par ailleurs, son écriture est incontestablement influencée par les ouvrages de sociologie. Elle rédige des fiches préparatoires dans lesquelles elle répertorie et consigne ses souvenirs, les comportements sociaux qu'elle a pu observer, les témoignages et les faits. C'est un véritable travail sur des archives que l'auteure entreprend. Certaines de ses œuvres comportent d'ailleurs des notes de bas de page, peu fréquentes en littérature, et les initiales sont couramment employées afin de rendre anonyme les noms/lieux. Les sociologues eux-mêmes ont régulièrement pour objet d'étude les classes populaires, la mobilité sociale et le système scolaire. Nombreux sont ceux à s'être servis des textes d'Annie Ernaux comme base de recherche et de réflexion. Cette dernière pense toutefois que la littérature déploie des avantages dont des sciences telles que la sociologie sont dépourvues : la liberté, la subjectivité et l'émotion. Le texte, imprégné de la mémoire et de la subjectivité de l'auteure, se charge d'une force émotionnelle que l'analyse sociologique ne peut contenir. La littérature permet ainsi, contrairement à la sociologie, de provoquer un effet de mémorisation immédiate.

UNE VISÉE POLITIQUE

Les œuvres d'Annie Ernaux, en retraçant sa trajectoire sociale, ont une visée politique, car les livres exercent une influence sur le conscient et l'inconscient des lecteurs. L'auteure prône ainsi le pouvoir des mots et prétend représenter son monde d'origine et parler en son nom.

L'écriture peut, selon elle, rétablir des injustices, comme le fait d'être née femme ou d'être issue d'un milieu soumis à la domination de classe. Ainsi, elle décrète qu'il est du devoir de l'écrivain de rendre compte de l'époque qu'il traverse, de conserver, par le geste scriptural, tout ce qui s'enfuit afin de ne pas avoir existé pour rien. L'écrivain fait vivre ses idées et ses combats à portée collective dans la conscience de ses lecteurs.

PISTES DE RÉFLEXION

QUELQUES QUESTIONS POUR APPROFONDIR SA RÉFLEXION...

- Selon vous, la mère d'Annie Ernaux est-elle parvenue à s'extraire de son milieu d'origine ?
- Quel est l'impact du milieu social sur l'existence des individus ? Développez en prenant Annie et sa mère pour exemple.
- Décrivez le style d'Annie Ernaux.
- Quels rapports entretiennent le style et le contenu de ses romans ?
- À quel genre appartiennent les romans d'Annie Ernaux ? Pourquoi ?
- Quelles sont les influences de l'auteure ?
- Les écarts de condition sociale sont-ils encore vécus aujourd'hui comme ils le furent dans la jeunesse d'Annie Ernaux ?
- Comment l'auteure parvient-elle à dépasser l'autobiographie purement subjective pour atteindre le collectif ?
- De quel(s) autre(s) auteur(s) peut-on rapprocher Annie Ernaux ?
- Comment l'auteure pose-t-elle la question du réel en littérature ?

POUR ALLER PLUS LOIN

ÉDITION DE RÉFÉRENCE

- ERNAUX A., *Une femme*, Paris, Gallimard, coll. « Folio », 1987.

ÉTUDES DE RÉFÉRENCE

- ERNAUX A., *La Place*, Paris, Gallimard, coll. « Folio », 1986.
- ERNAUX A., *L'Écriture comme un couteau*, entretien avec Frédéric-Yves Jeannet, Paris, Stock, coll. « La Bleue », 2003.
- FERNANDEZ-RECATALA D., *Annie Ernaux*, Monaco, Éditions du Rocher, 1994.
- HOGGART R., *La Culture du pauvre*, Paris, Minuit, 1971.
- HOGGART R., *33 Newport Street – Autobiographie d'un intellectuel issu des classes populaires anglaises*, Paris, Gallimard, 1991.
- HUNKELER T. et SOULET M.-H., *Annie Ernaux – Se mettre en gage pour dire le monde*, Genève, MētisPresses, 2012.
- SAVÉAN M.-F., *La Place et Une femme d'Annie Ernaux*, Paris, Gallimard, coll. « Foliothèque », 1994.

Retrouvez notre offre complète sur lePetitLittéraire.fr

- des fiches de lectures
- des commentaires littéraires
- des questionnaires de lecture
- des résumés

ANOUILH
- Antigone

AUSTEN
- Orgueil et Préjugés

BALZAC
- Eugénie Grandet
- Le Père Goriot
- Illusions perdues

BARJAVEL
- La Nuit des temps

BEAUMARCHAIS
- Le Mariage de Figaro

BECKETT
- En attendant Godot

BRETON
- Nadja

CAMUS
- La Peste
- Les Justes
- L'Étranger

CARRÈRE
- Limonov

CÉLINE
- Voyage au bout de la nuit

CERVANTÈS
- Don Quichotte de la Manche

CHATEAUBRIAND
- Mémoires d'outre-tombe

CHODERLOS DE LACLOS
- Les Liaisons dangereuses

CHRÉTIEN DE TROYES
- Yvain ou le Chevalier au lion

CHRISTIE
- Dix Petits Nègres

CLAUDEL
- La Petite Fille de Monsieur Linh
- Le Rapport de Brodeck

COELHO
- L'Alchimiste

CONAN DOYLE
- Le Chien des Baskerville

DAI SIJIE
- Balzac et la Petite
- Tailleuse chinoise

DE GAULLE
- Mémoires de guerre III. Le Salut. 1944-1946

DE VIGAN
- No et moi

DICKER
- La Vérité sur l'affaire Harry Quebert

DIDEROT
- Supplément au Voyage de Bougainville

DUMAS
- Les Trois Mousquetaires

ÉNARD
- Parlez-leur de batailles, de rois et d'éléphants

FERRARI
- Le Sermon sur la chute de Rome

FLAUBERT
- Madame Bovary

FRANK
- Journal d'Anne Frank

FRED VARGAS
- Pars vite et reviens tard

GARY
- La Vie devant soi

GAUDÉ
- La Mort du roi Tsongor
- Le Soleil des Scorta

GAUTIER
- La Morte amoureuse
- Le Capitaine Fracasse

GAVALDA
- 35 kilos d'espoir

GIDE
- Les Faux-Monnayeurs

GIONO
- Le Grand Troupeau
- Le Hussard sur le toit

GIRAUDOUX
- La guerre de Troie n'aura pas lieu

GOLDING
- Sa Majesté des Mouches

GRIMBERT
- Un secret

HEMINGWAY
- Le Vieil Homme et la Mer

HESSEL
- Indignez-vous !

HOMÈRE
- L'Odyssée

HUGO
- Le Dernier Jour d'un condamné
- Les Misérables
- Notre-Dame de Paris

HUXLEY
- Le Meilleur des mondes

IONESCO
- Rhinocéros
- La Cantatrice chauve

JARY
- Ubu roi

JENNI
- L'Art français de la guerre

JOFFO
- Un sac de billes

KAFKA
- La Métamorphose

KEROUAC
- Sur la route

KESSEL
- Le Lion

LARSSON
- Millenium I. Les hommes qui n'aimaient pas les femmes

LE CLÉZIO
- Mondo

LEVI
- Si c'est un homme

LEVY
- Et si c'était vrai...

MAALOUF
- Léon l'Africain

MALRAUX
- La Condition humaine

MARIVAUX
- La Double Inconstance
- Le Jeu de l'amour et du hasard

MARTINEZ
- Du domaine des murmures

MAUPASSANT
- Boule de suif
- Le Horla
- Une vie

MAURIAC
- Le Nœud de vipères

MAURIAC
- Le Sagouin

MÉRIMÉE
- Tamango
- Colomba

MERLE
- La mort est mon métier

MOLIÈRE
- Le Misanthrope
- L'Avare
- Le Bourgeois gentilhomme

MONTAIGNE
- Essais

MORPURGO
- Le Roi Arthur

MUSSET
- Lorenzaccio

MUSSO
- Que serais-je sans toi ?

NOTHOMB
- Stupeur et Tremblements

ORWELL
- La Ferme des animaux
- 1984

PAGNOL
- La Gloire de mon père

PANCOL
- Les Yeux jaunes des crocodiles

PASCAL
- Pensées

PENNAC
- Au bonheur des ogres

POE
- La Chute de la maison Usher

PROUST
- Du côté de chez Swann

QUENEAU
- Zazie dans le métro

QUIGNARD
- Tous les matins du monde

RABELAIS
- Gargantua

RACINE
- Andromaque
- Britannicus
- Phèdre

ROUSSEAU
- Confessions

ROSTAND
- Cyrano de Bergerac

ROWLING
- Harry Potter à l'école des sorciers

SAINT-EXUPÉRY
- Le Petit Prince
- Vol de nuit

SARTRE
- Huis clos
- La Nausée
- Les Mouches

SCHLINK
- Le Liseur

SCHMITT
- La Part de l'autre
- Oscar et la Dame rose

SEPULVEDA
- Le Vieux qui lisait des romans d'amour

SHAKESPEARE
- Roméo et Juliette

SIMENON
- Le Chien jaune

STEEMAN
- L'Assassin habite au 21

STEINBECK
- Des souris et des hommes

STENDHAL
- Le Rouge et le Noir

STEVENSON
- L'Île au trésor

SÜSKIND
- Le Parfum

TOLSTOÏ
- Anna Karénine

TOURNIER
- Vendredi ou la Vie sauvage

TOUSSAINT
- Fuir

UHLMAN
- L'Ami retrouvé

VERNE
- Le Tour du monde en 80 jours
- Vingt mille lieues sous les mers
- Voyage au centre de la terre

VIAN
- L'Écume des jours

VOLTAIRE
- Candide

WELLS
- La Guerre des mondes

YOURCENAR
- Mémoires d'Hadrien

ZOLA
- Au bonheur des dames
- L'Assommoir
- Germinal

ZWEIG
- Le Joueur d'échecs

Et beaucoup d'autres sur lePetitLittéraire.fr

© lePetitLittéraire.fr, 2014. Tous droits réservés.

www.lepetitlitteraire.fr

ISBN version imprimée : 978-2-8062-5896-0
ISBN version numérique : 978-2-8062-5882-3
Dépôt légal : D/2014/12603/208

Conception numérique : Primento,
le partenaire numérique des éditeurs